AF456208

par M. de Saint-Mars

LE SPÉCULATIF, OU DISSERTATION SUR LA LIBERTÉ DU COMMERCE DES GRAINS.

PAR M. DE S. M.

A AMSTERDAM,

Et se trouve A PARIS,

Chez LESCLAPART, Libraire, rue de la Harpe, près le Collége d'Harcourt.

M. DCC. LXX.

LE SPÉCULATIF, OU DISSERTATION

SUR LA LIBERTÉ DU COMMERCE DES GRAINS.

JE me rappelle, Monſieur, la réponſe de ce Bourgeois de Paris à qui on courut dire à la taverne que le feu conſumoit ſa maiſon : Allez en avertir ma femme, répondit-il ; je ne me mêle point du ménage : réponſe qui caractériſe un fou, mais qui devroit ſervir de leçon à tous ceux qui s'occupent de choſes qui ne les concernent point. Il y a quelques jours que mon Domeſtique m'apporta de chez l'Epicier une lettre en manuſcrit: elle me paroît avoir été adreſſée à une perſonne en place, qui, à l'ouverture, n'aura pas ſans doute manqué de la jetter au rang des papiers inutiles. C'eſt un de ces extravagans qui, oubliant les devoirs de leur état, ſe conſacrent à la démangeaiſon d'écrire ſur des matieres qu'ils n'entendent point, & qui dans leur enthouſiaſme s'imaginent redreſſer des défauts qui n'exiſtent que dans le trouble de leur imagination. Les pauvres gens ne s'apperçoivent pas que le rapport des sens, qui est presque tout ce que nous avons de plus sûr, nous trompe souvent : ils conçoivent encore moins que la Providence regle elle-même la conduite & la destinée des Empires, & que les passions humaines ne font souvent autre chose que de donner des secousses & retarder le progrès du bel ordre qu'elle a établi.

Si le cours des Elémens étoit, comme la plûpart des choses d'ici-bas, subordonné à la volonté des hommes, quel plus grand mal n'en résulteroit-il pas pour l'humanité ? Un esprit entreprenant détruiroit en un jour l'harmonie qui subsiste depuis l'époque de la création. Tandis que le Villageois soupireroit pour avoir de la pluie, le Citadin intéresseroit la Favorite pour obtenir du beau tems, & bientôt les principes des choses rentreroient dans le désordre & la confusion d'où ils ont été tirés. Ecoutons notre Spéculatif, & suivons-le dans son raisonnement : c'est de l'Agriculture Angloise dont il tire les fondemens sur lesquels il veut élever celle de la France.

Le but de la politique Angloise, dit-il, en accordant une gratification sur la sortie des grains provenant de ses récoltes, a été d'encourager le Cultivateur ; de remédier à la fréquence des disettes ; d'attirer l'argent des étrangers ; de les rendre ses tributaires ; de les tenir dans une perpétuelle dépendance ; de faire tomber leur Agriculture & leur Commerce ; d'élever la sienne sur les débris de celle de toutes les Nations qui pourroient parvenir un jour au point de lui disputer la concurrence ; & elle y est parvenue.

Incontinent après son Réglement, continue-t'il, plus de cent mille acres de terres ont été cultivées ; des principes raisonnés ont succédé à une routine grossiere, & la Grande-Bretagne s'est affranchie pour toujours des horreurs de la famine. Le prix du bled, jusqu'alors sujet à des variations extrêmes dans l'Isle, s'est comme de lui-même proportionné au salaire de l'ouvrier. Les campagnes ſe ſont rapidement peuplées. *Là où il y a du travail*, dit M. de Monteſquieu, *là il y a des hommes*. Des maiſons bâties de briques ont remplacé de miſérables chaumieres, les troupeaux ſe ſont multipliés, & avec eux le travail des Manufactures, les fonds de terre ont augmenté dans la proportion d'un à quatre, & les exportations ont ſextuplé ſa Marine.

L'Auteur n'avance rien dans ce récit qui ne ſoit exactement vrai. Les terres à bled n'ayant pas en Angleterre une qualité auſſi ſupérieure qu'ailleurs, on s'y trouvoit par conſéquent plus expoſé à s'y reſſentir de la diſette. La Reine *Eliſabeth*, pour remédier à cet inconvénient, ordonna, *Statut cinq*, qu'un Econome qui jouit d'un champ dont l'étendue peut occuper les façons d'une charrue, prendroit un Apprentif au-dessus de l'âge de dix ans, & au-dessous de vingt, pour s'en faire aider dans les travaux de la campagne, jusqu'à ce qu'il eût atteint l'âge de vingt-un ou vingt-quatre ans. Mais cela ne suffisoit pas. On étoit encore atteint dans ce temps-là du préjugé dont nous ne nous sommes pas encore entierement défaits. On voit par les Statuts 34 & 35 de Henri VIII, qu'on craignoit, dans cette Isle, que l'exportation libre des grains n'en occasionnât la rareté. La suite a fait voir combien cette crainte étoit mal fondée. *Guillaume III & Marie* n'eurent pas plutôt accordé une prime de huit ſchellings ſur la ſortie de chaque quartier de froment, &c. que l'Agriculture Angloiſe changea tout-à-coup de face, & que loin que le prix du bled excédât le ſalaire de l'ouvrier, comme nous venons de l'éprouver, il diminua au contraire de huit ſchellings ſix deniers par quartier; & le Laboureur, en quadruplant le produit de ſes terres, s'enrichit par un débit proportionné à l'étendue de ſes entrepriſes (*a*).

(*a*) Le quartier de grain, meſure de Wincheſter, contient huit boiſſeaux, le boiſſeau huit gallons, le gallon environ huit livres, poids de Troyes: ce poids eſt de douze onçes à la livre.

L'homme, en Angleterre comme ailleurs, porte toutes ses vûes du côté où le profit l'appelle : c'est son point d'optique, c'est sa boussole. Des maisons de briques remplacerent en effet de misérables chaumières, les campagnes se peuplerent & le Labourage devint la profession favorite du Cultivateur, parce qu'elle étoit la plus lucrative. Il fallut la restraindre pour ne pas négliger le gouvernement des bestiaux. Le Parlement ordonna en conséquence que tout Propriétaire d'un troupeau de bœufs composé de plus de vingt, sera tenu d'avoir autant de vaches à lait que le troupeau comprend de dizaines de bœufs, & d'élever par chaque année un veau pour deux vaches. Pour encourager la main-d'œuvre, George Premier accorda une allouance d'un sol & demi par livre pour tout cuir tanné, ou toute marchandise faite de cuir, comme bottes, selles, brides, &c. qui seroient exportées.

A l'égard des chevaux, il fut reglé par le Statut passé dans la vingt-septième année du régne de Henry VIII, que le Propriétaire ou le Fermier d'un parc ou enclos d'un mille d'étendue où sont des bêtes fauves, sera obligé d'y entretenir deux jumens capables de porter; c'est à-dire, que chacune aura la hauteur de 13 palmes, la palme de quatre pouces, mesurées depuis le sabot des jambes de devant jusqu'au haut de l'épaule. Il fut encore statué que dans le cas où le parc auroit quatre milles & au-dessus, le Propriétaire ou son Fermier y auroient quatre cavales. Par la section quatre du même Statut, il fut défendu de laisser couvrir une jument dans ces parcs, par des chevaux d'une stature au-dessous de quatorze palmes. Ce même Prince défendit encore de mettre dans les pâturages, forêts, &c. un cheval entier au-dessus de l'âge de deux ans, & qui n'eût la hauteur de quinze palmes, &c.

L'Auteur a donc raison de dire que les fonds de terres ont

augmenté dans la proportion d'un à quatre, puiſqu'un bien qui étoit affermé *cent quatre-vingt livres ſterlings* avant la liberté d'exporter, ſe trouva porté à *huit cents livres*, &c. Il n'a rien haſardé lorſqu'il dit que la Marine a ſextuplé : ſans entrer dans les détails qui ont tous concouru à cette augmentation, il ſuffit d'obſerver que les exportations monterent, année commune, à *un million cinq cents mille livres ſterlings*. Il eſt vrai que les Anglois, pour ne rien perdre des produits du labourage & ſe conformer aux nouveaux Statuts, imaginerent les prairies artificielles. Revenons à notre Auteur.

L'Angleterre, dit-il, doit à Henry III le degré d'élévation & de puissance où nous la voyons. C'est ce Prince qui, par la sagesse de son Réglement, a sçu mettre la France, l'Espagne & le Portugal dans des circonstances à sacrifier leur gloire & leurs intérêts pour ne pouvoir se passer de son assistance. C'est par sa politique, continue-t-il, que les Hollandois ont quitté les ports de la Pologne pour faire leurs chargemens de bleds dans le Comté de Nortfolck, & que malgré la quantité qui s'en exporte, la consommation prodigieuse qui s'en fait, la Nation en remplit encore des greniers pour satisfaire aux besoins de la

France, de l'Espagne & du Portugal quand ils éprouvent des disettes.

On auroit pû ajouter, qu'indépendamment des chargemens que font les Hollandois depuis qu'ils ont quitté la Pologne, il faut que l'agriculture Angloise soit portée à un degré bien supérieur, puisque, malgré les exportations considérables que font les Nationaux des bleds du crû de l'Isle, malgré la consommation intérieure qui s'en fait, tant pour les approvisionnemens de sa Marine, que pour la biere & les liqueurs fortes, elle en entretient encore des magasins.

Ces Magasins qui ne sont établis que par un principe de prévoyance, ſuppoſent donc que l'agriculture Angloiſe eſt aſtreinte à des régles. Autrement comment ſe pourroit-il qu'on puiſſe calculer les conſommations particulières à un point auſſi exact qu'on le fait dans ce Pays ? On ſçait, par exemple, à Londres que les liqueurs fortes ſeules , ſans parler de celles qu'on envoyent au-delà de la Mer, conſomment, année commune , *quarante millions de Boiſeaux de Bled.*

Sans s'arrêter plus long-tems à la conduite des Anglois de laquelle il nous ſuppoſe parfaitement inſtruits , il paſſe rapidement à l'agriculture Françoiſe. Il prétend que la qualité de notre ſol étant de beaucoup ſupérieure à celle des Anglois, & que ne leur cédant point à l'égard de l'induſtrie, nous pouvons leur diſputer la concurrence : voici comme il s'exprime.

Ce que l'Angleterre a fait, dit-il, la France le peut encore plus aiſément faire. Sa ſituation ſur les deux Mers, le génie de ſes Habitans, la bonté de ſon ſol, la nature de ſon climat, la ſupériorité de ſes productions, mille choſes enfin lui donnent un avantage que toute l'induſtrie humaine ne peut procurer à l'Angleterre. On peut aider la nature, mais on ne la change pas. La vigne ne produira que des feuilles, ou tout au plus du verjus, ſous un climat & ſur un terrain qui lui ſont oppoſés. Le Nord aura toujours beſoin de nos vins. L'Angleterre ne pourra jamais ſe diſpenſer de faire un trajet conſidérable pour ſe rendre dans la Méditerranée. La France au contraire dont les ports ſont à la proximité de ceux de l'Eſpagne & du Portugal, peut en beaucoup moins de temps & de riſques y tranſporter ſes denrées, & diſputer la préférence à l'Angleterre. Qu'on joigne à cet avantage la frugalité de ſes Habitans, leur ardeur, leur témérité même lorſqu'il eſt queſtion de s'enrichir, on ſera forcé de convenir qu'inſenſiblement ils parviendront à fournir les différens marchés de l'Europe. Il ſuffit au Gouvernement François d'encourager ses Agriculteurs, de ne pas favoriser l'un pour mettre l'autre à la mendicité, & de veiller sur la conduite de ceux qui exercent le monopole.

La France, continue l'Auteur, a plusieurs fois tenté de faire de ses grains un commerce ouvert ; mais l'abus qu'on a toujours fait de la liberté, a toujours aussi fait échouer ce projet ; il en est même résulté des secousses violentes pour l'agriculture. Les impôts dans ces circonstances ont marché de pair avec le fermage ; la défense a suivi de près la permission ; le Laboureur a négligé la culture des terres pour éviter sa ruine par une abondance à charge; l'impôt ne s'eſt point prêté à ſa proportion, & le Fermier s'eſt vû réduit à ne pouvoir plus payer ſes Maîtres : ce n'eſt pas tout. La population s'en eſt reſſentie ; le Laboureur s'eſt tenu ſur la réſerve. Par une œconomie forcée, il a diminué le nombre de ſes domeſtiques, il a ſupprimé une partie de ſes troupeaux, & le moyen qui a ſextuplé la richeſſe & la puiſſance de l'Angleterre, a été pour la France un moyen deſtructif. Il paroît que l'Auteur a confondu une permiſſion momentanée, uniquement accordée pour décharger le Royaume de ſon ſuperflu, avec une exportation conſtante, telle qu'on la médite aujourd'hui ; mais il eſt certain qu'on en a toujours abuſé, & que le malheureux Cultivateur en a été la premiere victime.

Pour rendre ceci plus ſenſible, l'Auteur eût pu comparer le caractère des deux Nations dont il fait le paralelle : à peine comprend - on dans la Grande-Bretagne, » dit John Cary, trois » millions d'acres de terres en » non valeur, ſur près de cinquante millions qu'elle contient, encore paſſe-t-on dans » cet état les hautes montagnes, » les marais, les bas-fonds, les lacs » & les terrains couverts par la » Mer dans les golfes, les bayes » & les ſinuoſités qu'elle forme » au long des côtes. La raiſon

» de cela, continue-t-il, ne se tire » pas tant de l'excellence du sol » que de l'activité du génie An- » glois. Ceux qui sont un peu » versés dans l'Histoire de la » Grande-Bretagne, ne nieront » pas que le gros de la Nation » est infiniment plus occupé des » moyens de procurer ce qu'on » appelle la santé de l'Etat qu'on » ne l'est par-tout ailleurs. Ce zèle » pour la cause commune qu'on » retrouve en mille occasions » dans ceux mêmes qui font cé- » der, suivant les circonstances, » les intérêts de la Patrie à leurs » intérêts personnels, est la sour- » ce de la puissance d'un Peuple » qui joue aujourd'hui un si grand » rôle dans l'Europe. Il entre-

» tient les esprits dans une espè-
» ce d'activité nécessaire pour les
» disposer à saisir toutes les ou-
» vertures, tous les projets qui
» promettent quelque chose d'u-
» tile à la Société. Il soutient dans
» l'exécution, & procure mille
» ressources, à la faveur des-
» quelles la même entreprise qui
» eût échoué ailleurs, est cou-
» ronnée on Angleterre du plus
» heureux succès.

» On doit attribuer à ces dis-
» positions l'empressement avec
» lequel les Anglois se sont por-
» tés, suivant le temps, à multi-
» plier leurs troupeaux, à élever
» des Manufactures, à établir des
» colonies, à cultiver les terres.
» Ce sont ces mêmes dispositions
» qui

» qui les rendent si attentifs à
» faire passer dans leur pays tou-
» tes les commodités, toutes les
» inventions que leur offrent
» les autres contrées, & qui les
» animent constamment à les
» perfectionner, & à en cher-
» cher de nouvelles. Semblable,
» dit-il encore, à un Econome
» appliqué qui songe à mettre
» toutes ses possessions en valeur,
» chaque Anglois se regardant
» comme le co-propriétaire de la
» Grande-Bretagne & de ses Do-
» maines, médite sérieusement
» sur les moyens de faire valoir
» ceux de ces pays qui lui pa-
» roissent susceptibles d'amélio-
» ration. Mais c'est à l'Angleter-
» re seule distinguée de l'Ecosse

» que se rapportent tous ses soins, » toutes ses réflexions sur cet » objet. Aussi peut-on dire que » ce Royaume n'est en quelque » sorte qu'une seule Ferme, où » tout est mis à profit : chaque » contrée y a pour ainsi dire sa » partie qu'elle a prise d'elle- » même, & qu'on lui a assignée » suivant la convenance de sa » situation.

On reproche au contraire peut-être avec trop de précipitation au François, de sacrifier le bien général à son intérêt particulier & de rapporter tout à soi. Mais quand cette accusation seroit fondée, qu'en résulteroit-il pour le Laboureur, sinon qu'en lui procurant un débit prompt & certain de sa denrée, il ne négligera aucune des parties auxquelles sa fortune est attachée, & qu'uniquement occupé des moyens de s'enrichir, il enrichira l'Etat ? Il ne se croira point obligé de recourir à l'expédient de soustraire ses greniers à la connoissance du Public, pour faire par cette ruse hausser le prix de la denrée, & ce prix prendra de lui-même son équilibre, sans que le Législateur s'en mêle.

Que l'on parcourt d'un œil impartial, continue l'Auteur, le territoire du Royaume : on en trouvera pour le moins un tiers en friche ; sans parler des montagnes, des bas-fonds, des terres ingrattes & de ce qu'en occupent les lacs , les rivières & les chemins dont la France est entrecoupée; de sorte qu'en supposant le territoire du Royaume de cent soixante millions d'arpens, il n'y en aura guères plus de la moitié en valeur, encore prétend-il qu'à l'exception des biens appartenans au Clergé, la culture des terres y est si fort négligée, qu'elles ne rapportent pas aux deux tiers de ce qu'on en pourroit recueillir. Il cite à cet égard un travail qu'il fut chargé de faire en 1752, avec M. Orry de Fulvy, sur le produit annuel des récoltes, & il assure qu'en ce temps-là ce produit ne rapportoit pas, année commune, beaucoup plus d'un tiers au-delà de la consommation de ses individus. Il en conclut que moins les campagnes sont cultivées, moins aussi le Laboureur élève de Bestiaux ; & que plus il a de grains & de paille, plus il se trouve aussi forcé de multiplier ses troupeaux.

Il soupçonne ensuite un vice occasionné par le monopole, & soutient qu'il est préjudiciable au Cultivateur, au progrès de l'art champêtre, au travail des Manufactures & conséquemment à la Société. La France ne se ressentiroit jamais, dit-il, du fléau de la disette sans la manœuvre clandestine de ses Usuriers, & il ne seroit jamais possible qu'elle se trouvât dans ce cas, si le Gouvernement veilloit ſur leur conduite. Il faut des ſiécles pour que la ſtérilité y ſoit générale. Si les Provinces du Nord ſouffrent de l'intempérie des ſaiſons, celles du Midi regorgent, & il eſt extrêmement rare qu'elles manquent toutes à la fois. Mais en ſuppoſant que le cas arrive, le Royaume auroit encore aſſez de bleds en ſa poſſeſſion pour la ſubſiſtance de plus d'une année & demie. Régle certaine, nous avons toujours quatre récoltes abondantes contre une de mauvaiſe. Rendez, dit-il, le bled marchand, vous rendrez au Royaume l'abondance & le bon marché.

La Hollande ne produit pas

de quoi nourrir la dixième partie de ses habitans ; cependant nous n'entendons point dire que le prix du pain soit disproportionné aux facultés du Peuple. S'il éprouve quelque variation, elle est insensible, personne ne s'en plaint ; l'usure ne peut avoir de prise dans cette République. On sçait par les Registres des Douannes ce qu'il entre de bleds, ce qu'il en sort, ce qu'il en reste, & dans quels magasins ils sont conservés. C'est ce que nous ignorons en France : nous sçavons à la vérité, par les Intendans, que la récolte de telle Province a été abondante, que celle de telle autre a été médiocre ; mais ce n'est pas sçavoir assez pour ordonner la circulation & empêcher la fraude.

Pour donner une plus juste idée du territoire de la France & de sa fécondité naturelle, l'Auteur remonte à l'état de la population sous Charles IX, qu'il porte, d'après M. de Montesquieu, à *vingt-quatre millions*. Il falloit, dit-il, des bleds, des viandes, des légumes pour la nourriture de tout ce grand Peuple. Loin qu'on fût dans ce tems-là obligé de recourir à l'étranger, il fut ordonné au contraire sous Henry III, en 1571, de décharger le Royaume de son superflu. La frugalité n'étoit cependant pas portée à la dixième partie près au point qu'elle est aujourd'hui.

Donc notre agriculture étoit sous le régne de ces deux Rois, dans un état plus florissant qu'elle n'est depuis notre luxe, ou il faut convenir que notre administration est vicieuse.

Si toutes les terres du Royaume susceptibles d'une bonne culture étoient mises en valeur, la France pourroit faire de ses grains un commerce de plus de *quatre-vingt millions* au-delà de sa consommation annuelle, & dans l'état actuel de son agriculture, elle le peut porter au-delà de cinquante. Ce seroit une augmentation sur la masse, & cette augmentation influeroit sur notre puissance. On est toujours surpris que les grands Propriétaires qui presque tous habitent la Cour, ne marquent pas plus d'empressement à employer leur crédit pour mettre cette partie en honneur. Leur intérêt personnel, celui du Roi même & de toute la Nation, les en presse assez. Ils ne peuvent qu'y gager par le haussement de leur revenu ; mais il semble qu'une espèce de destinée détourne leur attention de l'objet le plus capable d'affecter leur ame sensible.

L'Auteur quitte ces réflexions pour revenir au paralelle des Anglois dont il vondroit que nous imitions la conduite. La Nation Angloise, dit-il, jalouse & fière de la supériorité que lui donne son commerce, s'est pour ainsi dire d'elle-même assujettie à des régles. Le Gouvernement sçait ce que chacun posséde de terres soit en labour, soit en prairie, ce qu'il y a de grains, de bestiaux, l'emploi qu'il en fait. Si la guerre lui survient, il sçait où prendre ce qu'il lui est nécessaire, & ne va point chercher ailleurs ce qu'il a besoin pour l'entretien & la subsistance de ses armées. Par-là il conserve son argent, & cet argent répandu dans les mains de l'industrie rend sa circulation plus active. Il jouit encore d'un avantage très-grand; il paye la chose beaucoup moins cher en la tirant de son propre fonds, & gagne encore les profits que l'étranger pourroit faire sur lui. A cet avantage il s'en joint un autre également intéressant ; c'est celui de fournir à ses troupes une subsistance toujours saine & toujours bienfaisante. Ainsi, que l'Angleterre soit en guerre ou en paix , l'objet de sa politique est de décharger continuellement les greniers du Laboureur, & cet objet est rempli.

L'Auteur ne dit point si les magasins que la Nation tient en réserve sont formés & entretenus aux frais du Gouvernement. Mais quel qu'il en soit, leur existence n'est point ignorée; ils sont connus ; on sçait ce qu'ils contiennent, & personne ne s'en allarme. Le particulier même peut en former d'aussi considérables que ses moyens le lui permettent;

on ne le force point à les ouvrir; mais comme il en fait un objet de commerce ouvert, il cherche à s'en débarrasser le plutôt possible, pour faire profiter son argent ailleurs: c'est l'effet de la liberté.

Je passerai à quelques observations de calcul par lesquelles l'Auteur finit sa Lettre.

Avant d'arriver à ses calculs, qu'on doit prendre ici pour de simples suppositions, faciles cependant à réaliser, il observe qu'au moyen des régles qu'il propose, le commerce des grains peut se faire comme celui des draps, sans qu'il en résulte aucun inconvénient: que le prix des bleds se fixera comme de lui-même dans les marchés sans que cette fixation éprouve jamais de variations ſenſibles : c'eſt encore l'effet de la liberté.

Que l'agriculture, plus active alors, en multipliant les beſtiaux, fournira une plus grande quantité de matiéres premières ; que ces matiéres en paſſant dans nos Fabriques en tripleront le travail, & conſéquemment la main d'œuvre ; qu'une multitude de malheureux que la misère a ſouſtraits de l'impôt, rentreront dans les travaux de la campagne ; que toutes les terres ſuſceptibles de culture ſeront remiſes en valeur, ce qui produira une augmentation de richeſſe pour l'Etat : que les exportations ſextupleront nos voiles : & comme le Commerçant ne transporte dans un pays que pour en rapporter des choses de convenance , le produit des Douannes en sera augmenté.

Supposons, dit-il , que trois millions de gens que la misère ou le libertinage ont fait embrasser l'oisiveté , reprennent les travaux des Villes & de la campagne : ces gens dans leur condition actuelle , ne rendent à l'Etat qu'en proportion de la consommation qu'ils peuvent faire. S'ils sont occupés, ils lui rendront par leur travail & par le tribut que ce même travail leur fournira, les moyens de payer : supposons que ce tribut ne monte qu'à trois livres par tête , l'Etat en se déchargeant de leur nourriture & de leur entretien dans les Hôpitaux où, pour éviter un plus grand désordre, on les renferme, gagnera neuf millions & ce qui lui en coûte annuellement : il conservera des hommes qui dans l'ordre naturel lui en produiront d'autres 9,000,000,

Le travail ne peut manquer de ranimer la population, c'en est la suite & l'effet, supposons que dans l'étendue du Royaume elle n'augmente en dix années que d'un million de personnes, ces individus payeront à la vingtième année au moins trois livres, chacun, pour leur taille, capitation & industrie, ce qui produira 3,000,000,

Supposons, dit-il encore, que le revenu territorial, à l'aide d'une culture pl is animée, augmente d'un sixième, cette augmentation dans l'ordre de nos Finances produira au Trésor Royal, vingt-cinq à trente millions. 30,000,000,

42,000,000,

Voilà, MONSIEUR, les rêveries, quoique justes, de l'un de ces Spéculatifs qui, pour s'abandonner aux transports d'un zèle inconsidéré, ne songent pas qu'en sacrifiant les productions de leur génie & leurs talens, ils se frayent une route à l'Hôpital.

D. S. M.

www.ingramcontent.com/pod-product-compliance
Ingram Content Group UK Ltd.
Pitfield, Milton Keynes, MK11 3LW, UK
UKHW021524260726
13993UKWH00004B/1863

9 782329 253176